UN JOUR,
DEUX NUITS…

Édition : BoD – Books on Demand, info@bod.fr
Impression : BoD – Books on Demand, In de
Tarpen 42, Norderstedt (Allemagne)
Impression à la demande
ISBN : 978-2-3224-4496-0
Dépôt légal : Septembre 2022

Hânnah Hérault

UN JOUR,
DEUX NUITS...

À mes Fils,

Mes phares dans la nuit

Écrire un livre

Cette idée est omniprésente depuis plus de
25 années.
Mais pour quoi dire ?
Pour dire quoi ?

Ma vie est une succession d'évènements
Plus ou moins beaux
Plus ou moins agréables...

Mais comme tout le monde ; non ??
Peut-être...
Peut-être pas finalement.

J'admets avoir eu un faible pour le
mélodramatique.
Depuis l'enfance, je suis cataloguée
comme spéciale
Pas vraiment bizarre mais originale
Pas fière mais distante
Sympathique mais sauvage...

On dit que l'on attire ce que l'on pense
Ce que l'on imagine
Ce que l'on reflète

J'ai toujours eu envie d'aventure
De découvertes et de rebondissements

Pas de vie plan-plan pour moi
Je refuse la routine

Le rythme métro boulot dodo non merci…
Je veux tout
Et même davantage !

Mais tout cela a-t-il un prix ?

Petite fille,
Je n'ai jamais souhaité vivre la vie d'une
princesse de conte de Fée…

Non seulement je ne me suis jamais
trouvée vraiment jolie selon mes propres
critères de princesse,
Mais le concept de château fort, ou la belle
est prisonnière et attend patiemment que
son prince viennent la délivrer ne m'a
jamais fait rêver.

Je voulais être cow-boy !
Avoir mon ranch !
En Australie !

Tout un programme…

Mes parents ont eu vite fait de me ramener
à leur réalité,
les 2 pieds bien plantés dans la terre de ma
campagne d'origine.

« Tu feras des études
trop d'ouvriers dans nos lignées
tu seras quelqu'un de respectable ! »
Ok, d'accord !

L'essentiel étant de partir
Loin
Quitter cette région triste
Découvrir le monde
D'une façon ou d'une autre…

J'ai toujours eu des difficultés à me sentir
à ma place dans cette société.

Mon regard sur la vie
Les autres
L'hypocrisie ambiante
Est alors incisif et sans concessions.

Comment peut-on exiger de recevoir sans cesse, sans donner en retour ?

Comment peut-on vouloir que les choses changent, sans accepter les efforts à fournir ?

Étrange…

C'est avec cette vision du monde que j'ai rencontré celui qui partagera ma vie pendant 25 ans.

Etudiants
La tête pleine de rêves d'un autre monde
Des projets pour plusieurs vies

Nos pas se sont harmonisés sur le chemin

Notre couple s'est fondé sur l'Amour
Avec un grand A

Mais aussi une carrière professionnelle à créer, à alimenter de mutations régulières.

Un moyen de réaliser nos rêves et nos projets.

De l'action
Des rencontres
Des voyages...

Cela correspondait d'une certaine façon à mes espoirs d'aventure
De découvertes

Cela impliquait aussi un environnement
Relationnel et professionnel
Que j'étiquetais comme étant « à l'ouest »
Complètement déconnecté du quotidien.

Dans la mesure
Où il s'agissait de décisionnaires
J'avais de quoi m'inquiéter pour l'avenir...
Le mien et celui de mes enfants...

Les enfants sont arrivés
Lumières de vie
Océans de bonheur
Montagnes de tendresse...

Et mon regard a changé

Ou plutôt
Mes yeux se sont voilés
Fermés peu à peu
Pour ne voir que mon cercle très privé
Voir ce qui m'arrangeait

Quels sacrifices est-on prêt à faire ?
Pour la gloire ?
Pour le travail ?
Pour la famille ?
Pour le couple ?
Pour les enfants ?

Quelles sont nos priorités ?

Mes choix sont personnels
Ils n'engagent que moi.

Je n'ai jamais prétendu avoir raison
Être mieux ou meilleure que quiconque
J'ai choisi en conscience
Et je n'ai pas regretté.

Aucun moment.

A quel moment la carrière professionnelle
devient-elle prépondérante ?

A quel moment les enfants deviennent une
entrave ?

A quel moment nos routes ont bifurqué
malgré l'amour ?

Je voulais une belle et grande famille
Toujours selon mes critères personnels

Une maison emplie de rires
De bambins qui courent
D'Amour et de joie

J'ai toujours considéré de mon devoir
De ma responsabilité
De me consacrer pleinement
À l'éducation de mes Enfants

Que de moments de bonheur !

J'ai choisi mes enfants

Ne plus travailler

Ce qui est trompeur
Puisque mes journées étaient sans fin

Du réveil au coucher
À un rythme soutenu
Épuisant parfois
Mais tellement gratifiant à mon sens

Parfois très frustrant
Lorsque l'on me demande si je m'ennuie

Parfois très désagréable
Lorsqu'une personne me tourne le dos
Après avoir demandé
Quelle est ma profession

Je suis Maman !

Tellement enrichissant
Tellement puissant
Mes 4 trésors qui me sourient
Qui m'aiment inconditionnellement

Toute ma vie est là
Dans ces êtres merveilleux
D'une bonté
D'une intelligence infinies

Mon ambition
Mon projet de Vie

Je n'ai peut-être pas suffisamment remercié.

C'est à ce moment que la machine a commencé à se détraquer.

Des amis qui s'éloignent,
souvent par jalousie,
pour ce statut professionnel
d'un conjoint qui joue double jeu.

Couple parfait
Famille parfaite
Situation professionnelle parfaite

Mais qui sait vraiment ce qui se passe derrière la porte des maisons ?

Qui a le droit de juger que les apparences font des familles heureuses ?

Que l'on n'a pas, chacun chez soi, son lot de contrariétés, de frustrations, de problèmes ?

Le mensonge s'installe peu à peu
Dans toutes nos sphères relationnelles

J'en accepte
Beaucoup
Par choix très souvent
Un petit côté idéaliste
Et matérialiste
Finalement

Mes enfants sont ma priorité

Je souffre mais pour les protéger
Cela n'est probablement pas une bonne
raison
C'est la mienne
L'essentiel est qu'ils aillent bien
J'aviserai plus tard

Pas de bilan de vie annuel
Pas d'anniversaire

J'ai toujours déployé beaucoup d'énergie
pour organiser les fêtes des autres.

J'aime voir les gens heureux

Par contre, pas de fête pour moi

Un petit extra bien sûr
entre nous
mais personne n'est jamais venu pour moi
pour une occasion
pour une circonstance...
Rien d'extravagant.

Donc pas d'âge

C'est un avantage
De ne pas voir les années passer
De ne pas savoir répondre lorsque l'on me
demande mon âge
Je suis jeune !

Donc pas de prise de conscience
Que les années passent

Que je ne suis plus celle que j'étais.

Que j'ai perdu
Mes idéologies
Mes convictions
Mes rêves
Mes espoirs
Ma personnalité
Ma conscience

Pour devenir
Un rôle
Une image
La femme de
La Maman de

Réveil !!!

Pourquoi s'obstiner à faire entrer une pyramide dans une bulle ?

Pourquoi changer à ce point pour un rôle qui ne convient pas ?

Pourquoi devenir une autre alors que la première version était juste parfaite ?

À quel moment tout explose ?

Cela
Je le sais aujourd'hui.

À un mensonge de trop
Un sourire au coin des lèvres
Comme si tout était normal…

Et que moi je ne l'étais pas.

À une phrase de trop
Des mots qui sonnent faux
Celle qui donne des envies de meurtres…

Envie de tout casser
De tout faire exploser...

Donc explosion...

Et implosion...

La vie s'est obscurcie
Le jour se termine

FIN du conte de Fées

Nuit

Parce que la vie
C'est difficile
Quoi que l'on dise
Quoi que l'on pense

Ce n'est pas un long fleuve tranquille
Il y a des hauts
Il y a des bas
Pour chacun d'entre nous

Je n'ai pas le monopole

Autour de moi
Chacun surfe sur les vagues
Oscillant entre bonheur
Et lendemains difficiles

Il me faut réapprendre à vivre
Il me faut reconstruire
Autrement

Gérer
Prendre du recul
Pardonner
Avancer
Envers et contre tous...

C'est à ce moment-là que disparait une seconde partie de nos relations.

Je dis bien relations
Il ne s'agit pas d'amis
Puisqu'ils disparaissent !

Donc les profiteurs,
les biens pensant,
les beaux parleurs,
oublient que l'on existe !

Ceux qui connaissaient les mensonges ne peuvent plus en rire et rentrent chez eux.

Ceux qui conservent un intérêt quelconque choisissent leur camp quoi qu'ils en disent, cela se ressent dans chacun de leurs mots.

Finalement,

C'est peut être aussi bien

La nature est ainsi faite

Sélection naturelle !

Le tri se fait simplement
Ne restent qu'une poignée d'amis
Quelques faux amis aussi

Nouveau défi
Lécher mes plaies
Me projeter
Me reconstruire

Tout refaire
Autrement
A ma façon
En m'écoutant davantage
En un autre lieu

Selon mon Cœur
Selon mes choix

Bons ou mauvais
Ce seront les miens

Avec la solitude parfois aussi
Souvent même
Mais c'est ainsi

L'essentiel est ailleurs !

Mes enfants sont présents

Leur Amour est puissant

Nos liens sont indestructibles

Toute ma force réside dans leur regard

Nos sentiments
Façonnés par ces années
Nous lient à jamais
D'une façon ou d'une autre

Quoi qu'il se passe...

La vie

Qu'est-ce que la vie ?
Une succession d'évènements ?
L'instant présent ?

Je ne serai plus jamais
Celle que j'étais hier

Je suis le résultat de mon vécu

Qui serai-je demain ?

Aucune importance

Vivre aujourd'hui
En saisir le sens
La beauté...

Les choses se mettent en place
Pas suffisamment rapidement à mon goût

« Il faut apprendre la patience » me dit-on
Oui, je sais.

Les choses souhaitées
Parfois
Mettent du temps à trouver leur place
Dans le puzzle de l'Univers

Mais j'aimerais que tout aille plus vite.

Une sorte de griserie
Lorsque les journées sont bien remplies

Que je n'ai pas le temps
De penser
Finalement...

Rattraper le temps
Que je pense alors avoir perdu

Mais en fait non, je n'ai rien perdu
J'ai fait des choix
Je ne regrette rien
J'ai privilégié mes enfants

Il faudra donc du temps
Pour mettre de l'ordre dans ma vie
Et relancer
La machine à rêves
À réaliser les projets

Il n'y a qu'à accepter

Accepter
Que les choses évoluent à leur rythme
Que l'on ne maîtrise pas tout
Que l'on peut vivre plusieurs vies
Dans une seule existence

Que tout est éphémère

De toutes façons
Tout va bien
Le pire est derrière moi

Quelle manie de regarder en arrière
Pour comparer

Mon présent est évolutif

Des hauts
Des bas
Comme tout le monde
Des petits bonheurs
Des contrariétés de toutes sortes
Un manque d'humanité parfois

On m'a souvent dit alors :
« Tu es une fille forte ! »
« Tu vas t'en sortir ! »
« Tu sauras rebondir ! »

Ah bon !

Pourquoi ?
Est-ce une évidence ?
Est-ce du bon sens ?
L'expérience ?

Pas vraiment en fait...

Est-ce une façon de se dédouaner ?
De laisser l'autre seul dans son chaos ?
De justifier l'absence de soutien ?

Parce qu'on ne sait jamais
La trahison est peut-être contagieuse

Mieux vaut éviter de regarder la réalité
Mieux vaut donc disparaitre
Quelques temps
Pour revenir dans... 18 mois...

Merci les amis de votre non présence...

Autre dicton entendu régulièrement :
« Quand on a touché le fond,
on ne peut que remonter ! »

Une évidence !

Il est en notre pouvoir
De taper du pied dans la vase
Pour nous propulser vers la surface !
Qui ne le voudrait pas d'ailleurs ?

C'est donc notre seule responsabilité.
Un peu de volonté !

Ok, d'accord !
Je suis prête !
Où est la lumière au bout du tunnel ?

Tout cela serait bien trop simple
Bien trop prévisible

Je m'accroche car j'ai une mission...
Je suis une Louve
Qui prend soin de ses petits
Envers et contre tous

Quelques alliés
Animaux guides et protecteurs
M'accompagnent et guident mon éveil
Depuis mon enfance

La Tortue
Sa persévérance et sa sagesse
Symbole de la Terre Mère
Me soutient comme socle de ma famille
Notre nouvelle petite famille

Je porte notre maison
J'en suis
La gardienne
L'historienne
La conteuse
La mémoire...

Conserver notre identité...
Notre entité...

C'est une des raisons pour lesquelles
Je voulais une belle et grande famille.
Pour que mes enfants bâtissent ensemble
Cette cellule qui leur est propre.

A 4 on est plus forts
Plus grands
Plus riches

Il y a aussi la Libellule
Dragon Fly
Le Dragon volant

La sagesse de la transformation
La conscience de Soi

Avez-vous déjà observé son évolution ?
Que de chemin parcouru
Parmi les 4 éléments
Que de transformations
Pour obtenir ces ailes magnifiques

C'est mon icône

Elle me transmet sa force

Objectif :
Evoluer jour après jour pour embellir
À l'intérieur comme à l'extérieur

Un engagement quotidien

Je travaille sur moi-même

Non ce n'est pas un travail
Je retire ce mot de mon vocabulaire
Son étymologie est terrible
Son énergie est très négative

J'œuvre sur moi-même
J'ouvre mon cœur
Je reviens aux bases
Je me relie à la source

Re-connexion avec le Tout

Une multitude de souvenirs me reviennent

Des choses oubliées
Des choses enfouies

Volontairement très souvent
Parce que inexpliquées à cette époque là
Des expériences
Hors du corps
Hors du temps

Je retrouve peu à peu
La jeune fille bizarre
La petite fille rêveuse

Quel bonheur !

Je me reconnecte à mon essentiel

Je redécouvre
Mes goûts
Mes joies
Mes sensibilités...

Je progresse
Je guéris
Je me transforme...

Malgré les coups bas
Les non-dits
Les malveillances...

J'accepte la fin du livre
D'un livre...

C'est alors que le Monde s'effondre

Intégralement

Lorsque l'espoir renait

Lorsque qu'une autre vie semble possible

Que l'avenir paraît moins terrifiant

Que de rares bases semblent se stabiliser

Que j'ai trouvé mon lieu
Celui où poser mes valises
M'enraciner
Créer un nouveau futur

Loin de tout ce qui m'est connu
Loin des autres
De l'ancien livre
Des souvenirs
Des faux amis
Des faux semblants...

C'est ce matin-là

Lorsque le soleil d'automne éclaire doucement le chemin

C'est ce matin-là

Que mon Fils aîné a choisi

Pour couper le cordon d'argent

Ce cordon qui le relie à la vie

À cette incarnation

Depuis sa première inspiration

Hors de mon ventre

Le jour de sa naissance

L'un des plus beaux jours de ma vie

Donner la Vie

Engendrer un être merveilleux

Une petite boule d'amour

Qui va grandir

S'éveiller

Vivre ses propres expériences

Évoluer

Devenir un adulte merveilleux

Construire le monde de demain

Un monde meilleur

Donner la Vie

Moment indescriptible

Autre dimension

Autre espace

Amour pur

Objectif

Mériter cette mission de Maman

Mais à quel moment
Un petit enfant
Se dit qu'il doit donner sa vie
Pour les autres

Et grandir avec cette conviction

Ne pas devenir adulte
Ne pas construire de famille
Ne pas s'attacher

Un autre destin l'appelle
Un autre avenir
Un autre univers
Un autre espace-temps

Et pour cela
Faire ce choix
Si courageux

De quitter ce monde
Cette vie
Où il ne se sentait pas chez lui

De reprendre le contrôle

Le libre-arbitre

On a tous le choix

À chaque instant
De prendre une direction
Ou une autre

Notre destin nous appartient
Chacun de nos pas nous mène
À un endroit spécifique
Et pas un autre

Nous sommes responsables
De chacun de nos actes
De chacune de nos pensées

Choisir de vivre

Ou pas

Qui n'a eu
Un jour
L'envie de baisser les bras
L'envie de renoncer
De tout plaquer

Comment arriver à ce geste ultime ?

Réfléchi depuis si longtemps
Organisé
Planifié

Des années à se convaincre
Que c'est l'unique issue
Pour le bien de tous

Que vivre est devenu impossible

Personne n'entend.

Personne ne veut entendre.

Personne n'a essayé d'entendre.

À aucun moment.

Aucun appel à l'aide.

Ni les siens.

Ni les miens.

Comment accepter l'inacceptable ?

Comment continuer à vivre ?

Comment aimer cette vie qui reprend ce qu'elle a donné ?

Comment admettre que l'on n'a pas su transmettre l'espoir ?

Comment se disculper de n'avoir pas été là pour tout changer ?

Comment remplir ce vide immense ?

Comment imaginer que nous n'offrons pas le meilleur à nos enfants ?

Comment supporter de n'être pas une super-Maman ?

Comment ne pas se tromper ?
Encore...

Ou est ma faute ?

Ma responsabilité ?

Horrible sentiment d'avoir raté l'essentiel

Le moment où tout a commencé à sombrer

Peut-être qu'en fait

Ce qui fait peur

C'est d'avoir le choix

Continuer ou pas...

Que l'on a toujours le choix finalement...

Qui a raison ?

Où est le courage ?

Pourquoi sommes-nous ici-bas ?

Pourquoi ne pas aller voir de l'autre côté
du miroir ?

Je porte alors en moi
Dans la lumière de mon cœur
Toute une vie de souvenirs
Magiques
Magnifiques

Il n'y a pas que de bons moments
Loin de là
Des bons
Des moins bons
Des terrifiants…

Mais je m'obstine
A ne voir que le verre à moitié plein

Une optimiste diront certains

Il y a eu des moments exceptionnels

Notamment la naissance de mes enfants

Il y a eu ce moment
De détresse absolue

Parce qu'en un millionième de seconde
La Terre se dérobe
Tout sombre
Tout disparait

Le doute n'est pas de mise

Trop tard
J'arrive trop tard

Et en même temps
Mon Fils m'attend

Je lui dis que je l'Aime
Il me sourit

Nuit Noire

Je sais que ça n'est pas un geste désespéré
Dans l'urgence
Par colère
Par vengeance

Je sais que tout a été prémédité
Depuis longtemps
Que c'est un choix réfléchi

Je sais aussi
Que mon enfant a besoin de moi

Qu'il a besoin de mon Amour avant tout
Qu'il a besoin de mon courage
Qu'il a besoin de mon pardon

Il n'y a rien à pardonner

Son geste
N'est pas un acte contre quiconque

N'est pas un acte contre la vie

Juste un choix
Son choix

Le choix du courage

Il faut une montagne de courage
Pour se regarder dans le miroir
Décider que tout s'arrête
Ici et maintenant

Choisir la lumière

Retourner à la Source

J'ai un immense respect pour ce courage

Cela peut sembler aberrant
Hors de propos

Et pourtant

Il ne s'agit pas ici de conviction religieuse
Ce regard-là est sans compassion

Cet acte est durement répréhendé
Puni et associé à toutes les souffrances

On me l'a bien rappelé
Merci

Mon Fils a dit STOP

Stop à la souffrance

Stop à l'hypocrisie

Stop au mensonge

Stop à cette société
Dans laquelle il ne s'est jamais reconnu

Stop à cette déconnexion quotidienne

Stop à la manipulation mentale

Stop à ce monde étrange

Stop au rêve inachevé

Par Amour pour Lui

J'ai refusé la colère

J'ai refusé la révolte

J'ai refusé la haine

J'ai refusé de baisser les bras

J'ai refusé d'abandonner

Pas de coupable
Ou alors
Tous coupables

C'est un choix

Qui mérite respect

Amour

Une montagne d'Amour

Inconditionnel

Mon monde est dévasté

J'attends toujours ses appels tardifs
Le temps n'existe pas

Cette habitude de téléphoner
À tout moment
À toute heure du jour
À toute heure de la nuit

Pour partager quelque chose
Pour me raconter
Pour se confier
Dans l'émotion de l'instant

J'attends toujours qu'il sonne à la porte
« Surprise !»
J'avais envie de vous voir
Je n'avais rien de prévu

J'entends ses blagues
Ses moqueries
Ses clins d'œil
Ses pensées

Je sens
Ses caresses sur ma joue
Ses baisers

Dans chaque situation
Dans chaque souvenir
Dans chaque projet
Dans chaque rêve
Dans chacune de mes respirations

Présent à chaque instant de la journée
Présent à chaque instant de la nuit

C'est un peu comme si
Mon Fils est en voyage
Parti faire le tour du monde

De l'Univers plutôt
Car le monde
N'est pas suffisamment grand pour lui

Un cœur immense

Un amour infini pour tout et tous

Relié au grand Tout

Une curiosité insatiable

Une énergie démultipliée

«

Je ne veux pas être un objet
Je veux être un électron libre

»

Mon monde s'est effondré

Notre monde s'est effondré

Il me faut poursuivre mon chemin
Par respect
Par amour pour lui
Par amour pour ses jeunes frères
Par amour pour moi

Il n'existe pas de mot
Dans la langue française
Pour une Maman qui a perdu son Enfant

Il n'existe pas de mots non plus
Pour expliquer à un enfant
Que son grand frère
Son héros
Est parti rejoindre la lumière

Comment lui rendre l'espoir
La joie de vivre

Telle est donc ma mission
Me lever le matin
Sourire
Remercier pour cette journée
Préparer le petit déjeuner
Avancer
À petit pas...

Cela me demande un effort surhumain
Mais son amour me porte

Il ne reste personne près de moi

Tout le monde a fui.
Par peur le plus souvent.
Par égoïsme aussi.

Son prénom n'est que rarement prononcé.
Peu de personnes me parlent de lui.

Certains se sont approprié ma souffrance.
Comme si cela leur était arrivé.
A eux.

Il ne reste que de rares amis.
Pas forcément ceux que j'attendais.

Mais parfois le téléphone sonne encore

Juste pour dire bonjour
Raconter un potin

Sans me demander comment je vais
La réponse est évidente

Juste pour me changer les idées
Me faire sourire éventuellement
Occuper un peu le temps

Juste pour être là

Je ne l'oublierai jamais

Je vous en serai toujours reconnaissante

Les jours s'écoulent lentement
La douleur est lancinante
Présente
À jamais

Une amputation

Un morceau de Cœur qui manque

Un vide que rien ne pourra jamais combler

Mais avec lequel
Il me faut réapprendre à vivre
Un mal à apprivoiser

Une blessure qui cicatrisera
En surface seulement
Comme un arbre
À qui une branche a été coupée

En apparence
Tout est normal

Intérieurement
Je suis un champ de ruines

Le regard des autres a changé

J'ai besoin de changer de groupe
De côtoyer ceux
Qui ne savent pas
Qui ne s'apitoient pas
Qui portent un regard gai sur la vie
M'autorisent l'espoir
Me laissent émerger de ma souffrance
A aimer le chant des oiseaux
Le printemps qui reviendra...

Le quotidien reste difficile

De quel droit
Des étrangers à ma peine
Se permettent-ils de commenter ?

Comment penser
Suggérer parfois
Ou même dire ouvertement
Que je suis un monstre insensible
Car je survis à tout
Même au pire

L'humain sait se montrer odieux

D'autant plus
Qu'ils n'ont pas
Participé à ma survie

Absents dans les mauvais moments
Présents pour partager leurs avis
Qui ne font de bien à personne

On dit que l'enfer est pavé de bonnes intentions...

Mieux vaut je crois prendre du recul

N'entendre que ce qui est bon pour moi
Faire le tri
Ne conserver que l'essentiel
Donc très peu

Ce qui me porte
Ce qui m'attire
Ce qui me réconforte

La lumière
Au bout du tunnel
Ne se laisse pas appréhender

La vie n'a plus de saveur

Regarder devant moi n'a aucun sens

Les lunes ont passé sur les vies

Je reprends la parole
Je laisse mes doigts courir sur le clavier...

Tout a changé
C'est évident

Moi d'abord
Ma cellule familiale
La société qui m'entoure
L'Univers dans son intégralité

Je me suis adaptée
Nous nous sommes adaptés
Nous sommes capables
De beaucoup de choses

J'ai retenu une notion essentielle
L'impermanence des choses

Tout change
À chaque seconde
C'est évident

Mais à un certain moment
Cela devient
Une notion essentielle
À notre façon d'appréhender
Tout ce qui nous environne

Mon arbre de valeur a changé

Je me projette uniquement
Dans un très court laps de temps
Car qui sait de quoi sera fait demain

No future !

Je cherche
La spontanéité
Le don

Je reçois chaque matin comme un cadeau

Pourquoi se soucier de ce qui arrivera dans
10 ans ?
Si j'aurais une retraite confortable ?
Si la Mère Terre nous portera toujours ?

Chacun a ses propres doutes
Ses inquiétudes personnelles

Cela est-il nécessaire ?

Donc, aujourd'hui
De quoi ai-je envie ?

Procrastiner parfois je l'avoue
Souvent même
Trop souvent

Être active
Sans être contrainte
Pieds et poings liés
Dans un rythme trop impactant
Sur ma liberté

Avoir le choix

Le choix de choisir

Rester libre

Beaucoup de choses se sont mises en place
Depuis cet effondrement

Bienveillance
Envers moi
Envers l'autre
Envers tout

Discernement
Prendre du recul
Faire une pause
Ressentir
Choisir en conscience

Mes convictions personnelles se sont
accentuées sur le fait que la société,
l'humain également souvent, n'évolue pas
dans le bon sens et qu'il est nécessaire de
se reconnecter au savoir des anciens.

Ne pas se limiter à la science et croire tout
ce que l'on veut nous inculquer, nous
prouver, nous démontrer, pour nous
convaincre, surtout si c'est à contre-
courant de nos intuitions profondes.

Intuition

Impression de déjà-vu
Savoir
Sans pouvoir définir
D'où vient cette connaissance

Écouter la petite voix intérieure

Se laisser guider

Nous sommes nombreux
À lire notre horoscope
À chercher un message dans les cartes
À remarquer une synchronicité
À sourire face aux heures miroir
À attendre un signe

Dommage que le plus souvent
Cela reste un jeu

N'y aurait-il pas énormément à apprendre
Si nous étions convaincus
Que ces détails sont un vrai dialogue
Avec autre chose

Comment vous présenter cet univers
Subtil
Invisible
Lumineux
Inconnu

En toute neutralité

Sans vouloir vous convaincre à tout prix…

Immersion dans ma vie
Mes choix
Mes expériences
Mon quotidien

À prendre
À laisser

Écoutez votre Cœur
Écoutez votre Âme

Je vous emmène en voyage…

Lorsque rien ne va plus
On a tendance
À chercher de l'aide et des réponses
Dans un rayonnement plus étendu
Qu'à l'accoutumée

J'ai pour ma part refusé
Les antidépresseurs
Les somnifères
De perdre le contrôle
Pour me tourner
Vers d'autres choses
Vers les approches alternatives
Les médecines « douces »

Mais pourquoi douces ?

Je suis née à la campagne, mais je n'ai que très rarement reçu la transmission du pouvoir des plantes environnantes.

Pourtant, elles étaient utilisées par nos grand-mères et leurs grands-mères avant elles, qui n'étaient pas des sorcières mais des guérisseuses, détentrices de grands savoirs et estimées pour cela.

Les plantes ont des qualités intrinsèques, reconnues, recherchées, étudiées et imitées pour formuler des médicaments.

Les plantes ont donc des vertus ?
C'est une évidence.

On dit que celles qui poussent dans le jardin sont celles dont nous avons besoin.

Elles peuvent bien sûr devenir dangereuses, si non adaptées, ou consommées sans connaissances.

Il est donc essentiel de se confier à un thérapeute compétent et sérieux.
Pour des résultats tout aussi sérieux.

Dame nature
Est créatrice de grandes choses

Que nous imitons très souvent

Une partie de moi
Mon essence
Revient donc aux bases

Vivre en harmonie avec la nature
Ses rythmes
Tenter d'approcher ses secrets
De communiquer
Non seulement avec les arbres
Les plantes
Les pierres
Les élémentaux
Mais avec le Tout

J'ai pratiqué le yoga
Un art de vivre
Une re-découverte de ma respiration
Une re-connaissance de mon corps
Une re-connexion avec ma part subtile
Un retour à l'équilibre
Un chemin initiatique

Et la méditation
Une pause silencieuse
Un état de calme intérieur
Une reliance avec cette part de notre être
Que nous connaissons très peu finalement
Mais qui a tant à nous transmettre
Lorsque nous sommes à l'écoute

Et tant d'autres choses
D'autres approches thérapeutiques
Qui sont proposées aujourd'hui
Dans toutes leurs diversités
Avec simplicité

Pour prendre soin de Soi
Corps et Âme
Avec bienveillance
Dans l'amour de toutes nos facettes

Chaque approche, chaque technique est différentes, ce qui permet à chacun de trouver ce qui lui semble convenir le mieux à ses besoins et attentes.

A choisir avec le cœur

En écoutant son intuition

Tout cela fait partie d'un panel « raisonnable », plus ou moins sérieux me dira-t-on…

Personne ne trouvera cela bizarre ou fou.

Là où le voyage vers la guérison se complique, c'est lorsque l'on commence à s'intéresser à d'autres choses, moins habituelles, plus subtiles.

Aller voir un médium passe encore.

Une lubie
Un geste de désespoir teinté d'espoir…

Attention
Ne pas se fier à n'importe qui

Beaucoup de manipulateurs
Qui profitent de la détresse des gens

Beaucoup de très belles personnes
Très douées
Connectées
Guidées

Écouter son cœur
Toujours
En conscience

De nombreux expérimentateurs justifient le bien-fondé de ces contacts...
Des livres très sérieux par exemple, issus d'expériences, de témoignages...

Mais là encore, inutile de vouloir à tous prix convaincre quelqu'un qui n'a pas envie de voir, de savoir, d'entendre ou d'expérimenter.

Un autre mur s'érige
Entre moi et mes derniers proches.

D'accord, on peut s'inquiéter.
Mais dans ce cas,
On s'intéresse à la détresse,
On propose des parenthèses de douceur...

Pas uniquement des jugements à l'emporte-pièce, par téléphone et 2 fois par an.

Je ne suis pas manipulée
Je ne suis pas victime

Je suis consciente de mes choix
Je suis actrice de mes expérimentations

Le piège se referme !

Il est magnifique !

Lorsque l'on met le doigt dans l'engrenage
La curiosité prend le pouvoir
Et l'on poursuit ses investigations
Dans ce monde invisible au premier regard
Mais qui se laisse visiter
Par tant de personnes
Au détour d'un accident de vie...

Redécouvrir cette sensation
Cette plénitude
Cet état de grâce
Connu mais oublié

Je plonge !

Littéralement !

Le Reiki Usui est pour moi
Une magnifique première porte
Vers la lumière de guérison.

Beaucoup de gratitude
Pour cette très belle découverte
thérapeutique et les premiers soins reçus
bien avant ce cataclysme.

Remettre en mouvement, en rythme, le
fluide énergétique de vie, entravé par tant
de tensions, de peurs, de blocages
multiples...

Pour libérer les maux
Pas uniquement avec des mots

Beaucoup d'incompréhension aussi

Toutes ces choses que je vois...
Ces couleurs, ces visages, ces animaux...
Ces voix que j'entends aussi parfois...

Est-ce un rêve ?

Je choisi d'approfondir mon apprentissage
Aller plus loin

Comprendre

Aller de l'autre côté de la barrière

Les synchronicités, les rencontres, les stages, les initiations s'enchainent et impactent mon quotidien, mon histoire, mes croyances, mes rêves et mes projets.

Un nouvel Univers s'immisce
S'incruste dans ma façon de vivre
D'appréhender tout ce que je fais

Tout change

En mieux

La lumière revient lentement dans ma vie

Je fais de fabuleuses rencontres
Lis des dizaines de livres
Participe à différentes formations
Apprends de nouvelles techniques
Pour me soigner
Pour me relier
Pour continuer à grandir et évoluer

Ce terme n'est pas adéquat
Je ne grandis pas
Je me relie à qui je suis
À mon essence

Des messages me parviennent
Des voix me parlent en aparté
De nouveaux Univers apparaissent
Des images s'imposent
Des scènes de vie défilent devant moi

Tout est tellement plus simple
Plus beau
De l'autre côté du miroir !

Être ici
Et en même temps
Se souvenir
Ressentir « là-bas »

Baigner dans une lumière d'Amour

Pur
Illimité

La gratitude revient peu à peu dans ma vie

Le jour nouveau
Le soleil qui se lève
Le chant d'un oiseau
L'eau de la douche purifiante
Une fleur discrète dans le jardin
Croquer un fruit
Regarder le ciel
La lune et les étoiles
Voir mes enfants
Ecouter le ronronnement du chat
Croquer du chocolat
Planifier une sortie insignifiante

Tout est abondance finalement

Lorsque l'on ne regarde pas fixement
Ce moment qui nous a brisés
Tout va plutôt bien

Les choses les plus simples
Sont les plus importantes

Pas de gros projets
Pas de long terme
Pas de plans négatifs

Ici et maintenant

Rien d'autre n'est nécessaire

Certains moments sont difficiles
Le restent
Le resteront

Un couple qui se tient par la main
Un enfant blond qui courre
Un prénom prononcé

Réapprendre à sourire
Me souvenir sans m'effondrer
De mon autre vie
Lointaine et proche à la fois
Souvent irréelle

Mais gravée dans chacune de mes cellules

Avec une pointe de culpabilité.
Persistante.

Aujourd'hui c'est la fête des Mamans !

Je l'appréhende depuis 10 jours
Pourquoi est-ce plus difficile cette année ?

Presque 5 années se sont écoulées

Je relis et reprends mon récit

Mes convictions, mes questions ont évolué

J'ai changé bien sûr
Pour devenir une nouvelle version de Moi

Pour être plus en accord
Avec ce qui m'anime
C'est certain

Donc depuis 10 jours je fuis
Les calendriers
Les copines qui ont hâte de voir
Leurs enfants et leurs petits-enfants

En me disant vivement lundi
Que tout soit fini.

D'un autre côté
La fête des Mamans
C'est tous les jours de l'année

Toute la vie

Je me réjouis
De chaque moment partagé
Avec mes enfants

Ils me manquent
Nos plannings respectifs sont chargés
La distance ne facilite pas les rencontres

Je sais que s'ils ne seront pas là le jour M
Mais nous sommes reliés
Au plus profond de notre Âme
Ad vitam aeternam

Cependant,
De nouvelles interrogations ont apparu récemment
Au cours des rencontres, des formations,
Des connexions, des reliances...

Un peu moins orientées sur la culpabilité
Sur ce que j'aurais pu changer
Si j'avais été plus attentive
Plus vigilante.

Le « pourquoi » énorme de mon incompétence resté en suspens.

Je m'aperçois que je me définis désormais par cet événement tragique.

Il m'est difficile de me présenter
De parler de moi
De répondre aux nouvelles rencontres

Avez-vous remarqué que l'une des premières questions que l'on pose à l'autre, après le fameux « Que fais-tu ? » est : « Tu as des enfants » ?

Sujet pourtant très délicat
Chacun ayant sa propre histoire

Que répondre pour ne pas effrayer l'autre et couper court à la conversation ?

Difficile encore de ne pas me bloquer lorsque certains pensent que l'on se ressemble.

Oh non ! Impossible !
Je suis la Maman qui connait le drame de perdre un enfant !

Pourtant je sais que je ne suis pas la seule à vivre cette tragédie.

Il n'existe pas, dans la langue française, de mot pour dire les choses, pour préciser, sans avoir à s'étendre...

Parfois je lis les messages d'autres parents sur certains sites dédiés.

Ma souffrance est absolue mais pas unique.

J'ai donc une autre démarche à entreprendre : Réapprendre à me définir !

Qui suis-je ?
Qui étais-je ?
Qui suis-je devenue ?
Qui ai-je retrouvé au plus profond de moi ?

Que dois-je faire dorénavant ?
Quelle est ma mission ?
Pourquoi suis-je ici ?

Rester à l'écoute de ce qui vient à moi

Accueillir toute proposition
Expérimenter

Je me remets en mouvement
Dans le cercle de la vie

Je me reconnecte à Gaïa
Je me relie à la Lune
Je m'initie aux anciennes traditions
Je parcoure de nouveaux sites
Des lieux de guérisons
Des forêts qui me parlent
Des chemins initiatiques
Des éléments me soignent

Je suis moins seule
Je rencontre de nouvelles personnes,
Même si j'évite encore un peu
D'approfondir les relations.

Je réalise que ces belles personnes
Mises sur mon chemin
Pourraient devenir des amis
Si je me donnais la peine d'aller vers elles
D'exprimer les choses
D'ouvrir mon cœur
Sans les prendre en otage
De participer davantage au lien

Donc j'accepte
Sans chercher à comprendre
Sans chercher de mauvaises intentions
Sans compliquer les choses
Sans m'appesantir sur ce que cela va générer
En toute simplicité

Certaines personnes sont
Si belles
Si généreuses
Parfois même sans le savoir

C'est alors que je reçois « les mots »

Magiques
Guérisseurs

Offerts par ces messagers
Qui s'ignorent
Qui sont guidés
Qui proposent
Des solutions
Des pistes
Des idées
Des projets

C'est ainsi que viennent aussi
De jolis compliments.

Il est toujours surprenant pour moi de savoir comment me perçoivent les autres.

J'ai toujours eu beaucoup de mal à recevoir les compliments.
Question d'éducation sans doute.

Traumatismes d'enfant qui ne trouvait pas sa place peut-être.
Ou qualificatifs souvent trop frivoles pour une petite fille blonde aux yeux bleus.

Problème de positionnement donc
À savoir quoi faire dudit joli mot reçu.
Comment l'accueillir ?

Très compliqué à ce moment-là.

Donc viennent jusqu'à moi
De belles paroles
De beaux mots

Qui n'ont rien de physique ou intellectuel
Comme souvent dans le monde
Que j'ai parcouru jusqu'alors.

On me parle de Moi
Moi et ma lumière
Moi et les autres
Moi et ma présence
Moi et mon environnement
Moi et ma perception des choses
Moi et mes projets
Moi et ma conception de l'avenir

Moi avec un grand M
Car c'est de mon Âme que l'on me parle

Et c'est si beau

J'accueille progressivement
Avec gratitude
Car tout cela participe également
À ma reconstruction

Car oui
Aujourd'hui
Je fais quelques projets

Je prends soin de Moi
Je chéris mon Corps
Le temple de mon Âme

J'ai lâché
Mes peurs
Mes craintes
Mes doutes

Enfin presque

Une carte de « Notre Dame de la Confiance » reçue « par hasard » dans un livre m'accompagne.

Même s'il reste des doutes bien sûr
Sur mon chemin parfois chaotique
Qui me ramènent au gré d'un détour
À une certaine culpabilité
Que j'évite d'entretenir.

Je suis sereine pour aujourd'hui
Je suis heureuse pour les cadeaux reçus
Je suis attentive à mon environnement
Je suis vigilante à ce qui se passe
Je suis à l'écoute de mes proches

Je suis guidée

A chaque pas
A chaque question
A chaque complication
A chaque projet

Mon fils est présent
A chaque instant

Je suis certaine que vous avez déjà demandé l'aide de votre Ange Gardien, de votre Guide, de votre Grand-mère, de Dieu ou de Marie, de l'Univers ou d'un Saint pour vous aider…

Juste au cas où !

Parce que finalement
Cela ne peut être que positif !

Il n'y a rien à perdre
Soit c'est inutile
Soit cela fonctionne

Mais lorsque cela fonctionne
Admettez-vous
Que c'est en réponse à votre demande ?

Grâce à une intervention
Une aide extérieure demandée
Et reçue en retour

Ou pensez-vous que tout cela n'est que pur « hasard » ?

Le Hasard existe-t-il ?

Comment vivez-vous les synchronicités ?

N'avez-vous jamais ressenti une présence bienveillante près de vous ?

Vous est-il arrivé quelque chose d'inexplicable ?

Je suis persuadée que votre réponse est : « Oui » !

Tout évolue avec la pratique

Il est essentiel d'approfondir ce lien
Si fragile mais qui attend d'être nourri
Pour nous guider dans un autre monde
Une autre dimension

D'affiner notre sensibilité
Pour le ressentir
Beaucoup plus facilement

Il faut s'entraîner pour progresser
Dans tous les domaines

L'art des mondes subtils

S'y relier
Améliorer notre perception
Voir les détails invisibles
À la majorité des personnes
Qui vivent à nos côtés…

Une implication quotidienne

Lâcher-prise

Faire le vide en Soi
Accueillir l'abondance

Là apparaît la lumière, la Vie

Ceci n'est pas un rêve

Cela m'est arrivé
Ici
Là-bas
Hier
Maintenant

Coïncidence

Une amie me parle
Au détour d'une conversation
D'un Menhir particulier
À rencontrer en Bretagne

Étrangement, je dois me rendre à quelques
kilomètres de là le weekend suivant.

Ce message n'est pas anodin

Je décide donc de m'y rendre rapidement
à cette occasion, pour découvrir et
ressentir ces énergies spécifiques.

En fin de journée
Pour ne rencontrer personne

C'est le solstice d'été
Ambiance particulière

Ce même jour, un ami participe à une
cérémonie amérindienne.

Il me propose tôt le matin
De déposer une intention pour moi.

Merci du Cœur

Mon intention est :
« Recevoir le Pardon »

Je profite donc de mon passage en Bretagne pour rendre hommage
À Sainte Anne cette Maman merveilleuse
À Marie qui connaît ma souffrance

Je me dirige ensuite à quelques kilomètres de là, pour rencontrer ce Menhir majestueux qui garde, tout comme la Baleine, la mémoire de la Terre.

J'ai emmené mon tambour
Pour offrir de belles vibrations au site
Qui souffre de notre insensibilité
De la perte de mémoire
De notre civilisation

Il pleut
Je m'assois
Je me relie
Je joue du tambour
Je chante

Je suis reliée à mon Âme
Je suis reliée à la Terre
Je suis reliée au Ciel

Un homme passe
Me salue
Disparaît

Je ne perçois pas mon environnement
Je ressens simplement sa présence
Son énergie

Lorsque j'ai terminé de chanter
Je remercie l'Univers
La Terre
Le Ciel
Le Soleil
La Pluie

L'homme revient vers moi
Toujours souriant

Il me remercie
Pour mes chants
Pour les belles vibrations du tambour
Pour les Menhirs dont il ressent la joie
Dont il perçoit les énergies

Il me parle de l'Univers
D'expansion de conscience
Du grand Tout
D'ici
De maintenant
Du temps qui n'existe pas

Nous sommes UN

Énergies pures

Deux Âmes qui se rencontrent
Partagent un moment de reliance
Quelque part dans l'Univers

Avant de poursuivre chacun son chemin

Magie pure

Simplement
Sans arrière-pensée
En confiance
Connectés
Particules du Tout

Alchimie

Il est des rencontres imprévues
Qui transforment tout
En un instant

Il me confie sa mission
La raison pour laquelle
Il chemine désormais
Suite à cet appel

« Ma mission consiste
À donner le Pardon aux Hommes ! »

Je suis aux Anges
Stupéfaite
Eberluée

Je souris
Je pleure
Connectée

Cet instant est juste
Cet instant est parfait
Hors du temps

À la fois
Léger
Magique
Lumineux
Intense

Un moment de Grâce

J'ai reçu le Pardon
Le pardon de mon Fils
Le pardon de mon Moi

Celui-ci étant le plus difficile

Gratitude

Je me sens Bénie

La Vie est plus belle
Lumineuse
Enchantée
Lorsque nos yeux s'ouvrent sur la magie

Plénitude

Tout a changé à cet instant

Mon chemin de vie se poursuit
Vers un autre jour

Dans l'instant présent
Ici et maintenant
Un peu ailleurs aussi

Les pieds sur Terre
La tête dans les Étoiles
Le Cœur ouvert

Le choix m'appartient

Nous avons toujours le choix

Le savoir est une bénédiction

Un autre jour se lève